$15

Dedicado a:

_____

Por:

_____

Fecha:

_____

CÓMO VOLVER AL PRIMER

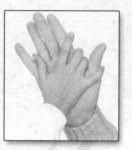

AMOR

CÓMO

VOLVER

AL PRIMER

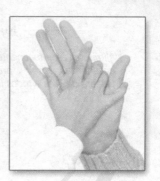

AMOR

GUILLERMO MALDONADO

Nuestra Visión

Alimentar espiritualmente al pueblo de Dios por medio de las enseñanzas, libros y predicaciones; y además, expandir la palabra de Dios a todos los confines de la tierra.

Cómo volver al primer amor

ISBN: 1-59272-121-4

Segunda edición 2007

Portada diseñada por:
Departamento de Diseño
ERJ-Publicaciones

Categoría:
Crecimiento Espiritual

Publicado por:
ERJ-Publicaciones
13651 SW 143 Ct., Suite 101, Miami, FL 33186
Tel: (305) 233-3325 – Fax: (305) 675-5770

Impreso por:
ERJ-Publicaciones, EUA
Impresos en Colombia

DEDICATORIA

Dedico este libro a todos aquellos pastores, ministros, líderes y obreros que sienten que han perdido el primer amor. En nuestro ministerio, tenemos la consigna de "afirmar" a los creyentes, tanto a los nuevos como a aquellos que llevan años en el evangelio, para que su crecimiento sea continuo y lleven su relación con Dios a niveles cada vez más profundos. Éste es el propósito de este trabajo: afirmar a aquellas personas que creen en Dios, que lo aman y desean servirle; pero, que en cierto momento, en su caminar cristiano, sienten que se han vuelto espiritualmente insensibles. Creo, firmemente, que este libro les ayudará a salir de ese estado de apatía y a avivar el fuego del don de Dios en sus vidas.

¡En Cristo somos más que vencedores!

ÍNDICE

INTRODUCCIÓN

El primer amor tiene muchas características importantes que, al transcurrir el tiempo, se van perdiendo de vista.

A veces, sin darnos cuenta, nos envolvemos tanto en los afanes de la vida, que nuestra relación con Dios va disminuyendo, a tal punto, que le damos cabida al enemigo para que actúe en nuestros corazones. En ocasiones, cuando nos enfocamos en el servicio desmesuradamente, nos olvidamos de que lo más importante es nuestra relación con nuestro Padre celestial, antes de todo lo que podamos hacer. Aunque todos conocemos que "la mies es mucha y los obreros pocos", no debemos servir movidos por la necesidad, sino por la voluntad de Dios en nuestras vidas; de lo contrario, nos convertiremos en uno más que enfila la línea de los "quemados". En todas las áreas de la vida, se debe mantener un equilibrio, para no dejar de lado lo más importante que es nuestro Dios, el Rey de reyes y Señor de señores.

> "Lo más importante es nuestra relación con nuestro Padre celestial".

Este libro, nos ayudará a reconocer qué es el primer amor y cómo mantenerlo, para que podamos obtener la victoria en nuestra vida espiritual.

CAPÍTULO UNO

EL PRIMER AMOR

"*Pero tengo contra ti que has dejado tu primer amor*". Apocalipsis 2.4

Cada persona experimenta algo especial en el momento que conoce al Señor Jesús como Salvador de su vida. Cuando esto ocurre, el mundo es diferente, el cielo se ve más hermoso; hay un deseo en el corazón por hablar acerca de Jesús en todas partes. No nos importa el momento, el lugar o la situación para testificar de lo bello y hermoso que es nuestro Dios y lo mucho que Él ha hecho en nuestras vidas y en nuestro corazón. En ese momento, se experimenta el amor verdadero, puro y santo que ofrece nuestro amado Jesús.

Cuando el primer amor toma lugar en nuestro corazón, estamos siempre llenos de gozo, fe y esperanza; no faltamos a los servicios de la iglesia, oramos todos los días, estudiamos la Palabra, somos sensibles a la presencia de Dios y Jesús ocupa el primer lugar en nuestra vida.

¿QUÉ ES EL PRIMER AMOR?

Es el momento en el cual nos enamoramos de Jesús, y como resultado, podemos testificar y buscar su rostro con todo el corazón, sin importar las circunstancias y las personas que nos rodean.

Jesús dice que perder el primer amor es pecado.

> *"Pero tengo contra ti que has dejado tu primer amor".*
> *Apocalipsis 2.4*

La Biblia amplificada dice:

> *"Pero tengo esto, (esta acusación que hacer), en contra tuya: que dejaste (abandonaste) el amor que tenías al principio (me has abandonado, tu primer amor)".*
> Apocalipsis 2.4

Todo creyente, después de recibir a Jesús, comienza a vivir este primer amor con Él; pero después de un tiempo, muchos lo abandonan, lo dejan, sin ni siquiera pensar que es pecado o darse cuenta.

¿QUÉ SUCEDIÓ DESPUÉS DE UN TIEMPO?

Ese amor por el Señor se fue enfriando, y nuestra vida espiritual se fue secando. Servimos al Señor sin gozo, ya no encontramos las razones suficientes para dar nuestro tiempo o nuestras obras en servicio; dejamos de asistir a los servicios de la iglesia como antes, y sin darnos cuenta, nos volvimos unos "dominguitis". También, dejamos de extrañar la presencia del Señor, pues creemos que podemos vivir sin ella; y tristemente, Jesús ya no ocupa el primer lugar en nuestra vida. Para saber si hemos perdido el primer amor con Dios, debemos revisar nuestra vida y ver si presentamos algunos de los síntomas o señales que ya mencionamos anteriormente o de los que vamos a estudiar a continuación.

¿CUÁLES SON ALGUNAS DE LAS SEÑALES QUE NOS ADVIERTEN DE QUE HEMOS PERDIDO EL PRIMER AMOR CON DIOS?

- **La apatía espiritual. ¿Qué es la apatía espiritual?** Es tener falta de interés hacia los asuntos de Dios, sentimientos endurecidos o apagados, pasividad, falta de cuidado.

Lo opuesto de estar enamorado no es el odio, sino la indiferencia (la falta de interés). Por tal motivo, vemos que todo se convierte en algo mecánico y rutinario, como por ejemplo: la oración, el ir a la iglesia, la alabanza y el servicio al Señor. A veces, hasta deja de existir la comu-

> "Todo creyente, después de recibir a Jesús, comienza a vivir este primer amor".

nión íntima con Dios y nos volvemos vulnerables al chisme y a la crítica. Podemos decir que la apatía es no tener interés en Dios, en su palabra y en el servicio a Él. Lo opuesto de la apatía es el compromiso. Estar comprometido con Jesús significa estar dedicado, consagrado y viviendo totalmente a su servicio; pero, cuando se pierde el primer amor, sucede todo lo contrario.

• **Disminuye nuestro deseo y hambre por Dios.** Cuando estábamos en el primer amor, teníamos gran hambre y deseo de estudiar para conocer Su palabra; teníamos sed por su presencia, por la oración; pero después, estos sentimientos se fueron apagando poco a poco.

• **Insensibilidad al pecado.** Nos endurecemos hacia el pecado y empezamos a comprometer principios. Las cosas por las cuales antes nos sentíamos mal, hoy día, ya no nos afectan. Lo que antes considerábamos malo, ahora es bueno y normal. Cuando estábamos en el primer amor con Jesús, cualquier mala actitud o acción, nos hacía sentir mal inmediatamente; pero ahora nos da lo mismo; fuimos perdiendo el temor de Dios. Sobre todas las cosas, nuestra conciencia se endurece y no somos capaces de renunciar al pecado.

- **Insensibilidad y falta de compasión por la necesidad de las personas.** Esto se puede observar cuando hay una persona con una necesidad de cualquier índole, y no sentimos ninguna compasión ni motivación por suplir o acabar con su dolor; sino que, al contrario, nos da lo mismo y no hacemos nada al respecto. Esto es muestra de un corazón endurecido.

- **Insensibilidad hacia la unción y la presencia de Dios.** Veamos este cuadro: Todas las personas del lugar donde nos encontramos están llorando y, prácticamente, derretidas con la presencia de Dios; mientras tanto, nosotros estamos endurecidos, no sentimos nada de lo que está sucediendo, estamos pensado en otras cosas y queremos que, ese momento, se termine lo más pronto posible. Esto quiere decir, que ya no somos tocados ni quebrantados por su presencia; el Espíritu Santo pasa al lado nuestro y no nos inmutamos.

> **Mirad cuál amor nos ha dado el Padre, para que seamos llamados hijos de Dios.**
>
> I Juan 3.1

Todas estas señales nos indican que hemos perdido el primer amor; nos están advirtiendo la condición en la que estamos. Por esto, hágase las siguientes preguntas: ¿Estoy, últimamente, apático a las cosas de Dios? ¿Mi deseo y mi sed por estar en la presencia de Dios han disminuido? ¿Me da igual que mis actos agraden u ofendan a Dios? ¿Siento indiferencia por el dolor de las otras personas? ¿He pasado un período de tiempo prolongado sin sentir la presencia de Dios? Si las respuestas a estas preguntas son afirmativas, quiere decir que usted, ha perdido el primer amor.

Es de hacer notar, que nadie pierde el primer amor de un día para otro; el enfriarse espiritualmente es un proceso que ocurre día a día y toma un tiempo para llevarse a cabo. Por esto, debemos detectar los síntomas a tiempo, para luchar y perseverar en oración; y de esta manera, no perder nuestro mayor tesoro, el primer amor con nuestro Dios.

¿CUÁLES SON LAS CAUSAS QUE NOS LLEVARON A PERDER EL PRIMER AMOR?

1. **El servir a Dios en el ministerio continuamente, sin sentarse a recibir.**

Algunas personas se envuelven tanto en el servicio, que no tienen tiempo de recibir, no descansan; y como resultado, se van enfriando espiritualmente, pierden el gozo de servir, ya lo toman como una rutina y terminan espiritualmente secos. La mayoría de las veces, esto es lo que ocurre con los pastores y líderes que predican y enseñan todo el tiempo y nunca se pueden sentar a recibir. Si usted es un líder, disciplínese a dar en un servicio y a recibir en otro. Recuerde que su relación con Dios es más importante que su servicio a Dios; nosotros damos a otros de lo que recibimos del Señor directamente, y si usted no se sienta a recibir buena palabra y no tiene una buena comunión con Dios, no podrá dar nada a otro, porque estará vacío.

2. **Los afanes de este siglo**

Conozco a líderes cristianos que estaban sirviendo a Dios con todo su corazón, pero vino el enemigo y les trajo afanes a su vida, y desde ese momento, comenzaron a perder su primer amor.

> *"¹⁹Pero los afanes de este siglo, el engaño de las riquezas, y las codicias de otras cosas, entran y ahogan la palabra y la hacen infructuosa". Marcos 4.19*

La Biblia amplificada dice:

> *"¹⁹Entonces, los afanes y ansiedades de este mundo, las distracciones de los tiempos, el placer, el deleite, el falso glamour y el engaño de la riqueza; el apetecer y el apasionado deseo por otras cosas, se moverán sigilosamente; ahogarán y sofocarán la Palabra, y ésta, dejará de dar fruto". Marcos 4.19*

¿CUÁLES SON LOS AFANES DE ESTE SIGLO?

La comida, la bebida y el vestido.

> *"³¹No os afanéis, pues, diciendo: ¿Qué comeremos, o qué beberemos, o qué vestiremos?" Mateo 6.31*

¿Qué es lo que hacen los gentiles?

> *"³²Porque los gentiles buscan todas estas cosas; pero vuestro Padre celestial sabe que tenéis necesidad de todas estas cosas". Mateo 6.32*

La Biblia amplificada dice:

> *"³²Los gentiles (paganos) desean, y apetecen, y buscan minuciosamente todas estas cosas, y su Padre Celestial conoce muy bien que usted tiene necesidad de todas ellas". Mateo 6.32*

Como creyentes, no estamos supuestos a buscar estas cosas o que sean nuestra prioridad. Sí, debemos trabajar,

EL PRIMER AMOR

estudiar, comer y vestir, pero nuestra prioridad debe ser: buscar el rostro de Dios.

¿Cuál es la solución que Jesús nos dio?

> *"³³Mas buscad primeramente el reino de Dios y su justicia, y todas estas cosas os serán añadidas. ³⁴Así que, no os afanéis por el día de mañana, porque el día de mañana traerá su afán. Basta a cada día su propio mal".*
> Mateo 6.33, 34

La Biblia amplificada dice:

> *"³³Pero busca (propóngase hacerlo y luche por lograrlo) todo Su reino y Su justicia primero (su manera de hacer las cosas y de estar correcto), entonces todas estas cosas juntas también se le concederán ³⁴No se preocupe ni esté afanado por el día de mañana, porque mañana tiene sus propias preocupaciones y afanes. El problema de cada día es suficiente".* Mateo 6.33, 34

> **Por la mañana, hazme saber de tu gran amor.**
> Salmo 143.8

3. La continua Guerra Espiritual y la opresión del enemigo.

Cuando hemos tenido un problema por mucho tiempo y no vemos cambios ni resultados, se ocasiona un desgaste, tanto físico como espiritual, que termina en el desánimo y frialdad espiritual.

> *"²¹Y veía yo que este cuerno hacía guerra contra los santos, y los vencía...".* Daniel 7.21

19

Cuando hemos estado peleando una batalla espiritual en la familia, la salud, las finanzas, el ministerio y esta batalla ha durado mucho tiempo, nos va desgastando y desanimando.

4. Las relaciones y amistades equivocadas

El nivel de éxito que usted tenga, va ser determinado por la gente más cercana a usted. Hay amistades que nos pueden ayudar, levantar y animar, pero hay otras que, por el contrario, nos pueden hundir y enfriar espiritualmente. La transferencia de espíritus es real, aunque hayan personas que insistan en negarla. Si estamos con personas que no buscan de Dios como una prioridad, nos veremos enfrentados a críticas y a motivaciones diferentes, tales como: "eres un fanático", "para qué vas tanto a la iglesia, más bien vamos a...", "con la iglesia no vas a comer". Con el transcurrir del tiempo, sin darnos cuenta, la asociación con estas personas, nos conduce a estar más involucrados con las cosas del mundo que con Dios mismo; y al final, cuando "abrimos los ojos", hemos perdido el primer amor y nos encontramos en pecado y sumidos en confusión y desesperanza.

5. El cansancio espiritual y físico

El cansancio espiritual y físico es otro enemigo de nuestro primer amor con Dios; por eso, es importante que al sentir este síntoma, se tome un tiempo de descanso e intensifique su tiempo de oración, para que pueda ser lleno de la presencia de Dios y se recargue espiritualmente. Veamos el ejemplo de Elías:

> *"¹Entonces Elías tisbita, que era de los moradores de Galaad, dijo a Acab: Vive Jehová Dios de Israel, en cuya presencia estoy, que no habrá lluvia ni rocío en estos años, sino por mi palabra. ²Y vino a él palabra de Jehová, diciendo: ³Apártate de aquí, y vuélvete al oriente, y escóndete en el arroyo de Querit, que está frente al Jordán". 1 Reyes 17.1-3*

Querit - Significa un lugar de retiro. Dios tuvo que enviar a Elías a un retiro espiritual, separado y apartado; y en ese lugar, Dios le dio provisión, guía y fortaleza para poder comenzar una travesía enfrentando las dificultades para, finalmente, llegar al monte Carmelo.

Mientras usted se ocupa de buscar a Dios, Él se encargará de enviar a los cuervos para traerle la provisión, la guía y todo lo que necesite; así como le ocurrió a Elías.

6. La desobediencia a Dios

Algunos creyentes perdieron el primer amor porque están viviendo en desobediencia en algún área de su vida; y es más fácil para ellos seguir pecando que arrepentirse y hacer todo

> El cansancio espiritual y físico es otro enemigo de nuestro primer amor.

lo posible por recuperar el primer amor. Cuando estamos en desobediencia y nos hablan de la obediencia, esto nos suena a discurso anticuado y exagerado, pues nuestra conciencia está adormecida. Pero no podemos pretender vivir en el primer amor con Dios cuando estamos siendo desobedientes a su Palabra y a sus mandamientos.

Hay tres categorías de obediencia, las cuales son:

- Obediencia condicional. Es cuando obedecemos solamente si la situación y las circunstancias nos son favorables. Es decir, "si me conviene".

- Obediencia incondicional. Es cuando obedecemos al Señor en cualquier situación, tiempo y lugar.

- Obediencia tardía. Este tipo de obediencia es equivalente a la desobediencia; debido a que en el momento que optamos por lo correcto, ya ha trasncurrido un tiempo en el que no se ha hecho lo que Dios quiere; eso equivale a desobedecer y nos conduce a perder el primer amor con el Señor.

7. La falta de comunión con Dios

La comunión con Dios es lo más importante en la vida de un cristiano, debido a que si éste tiene una buena relación, difícilmente, podrá sufrir alguna de las situaciones mencionadas anteriormente. Hay personas que cantan, sirven, ministran y dan todo lo que tienen sin antes haber tenido un tiempo de comunión con el Señor. Por esto, terminan secas espiritualmente; porque, después de darlo todo, no regresan a la fuente a llenarse de nuevo. Para que el amor se mantenga dentro del matrimonio, éste debe cultivarse; así mismo es nuestra relación con Dios. Hay miles de creyentes alrededor del mundo que han disminuido, considerablemente, su comunión con Dios; y poco a poco, se han ido enfriando y debilitando hasta llegar a perder su primer amor y a desanimarse.

El espíritu de desánimo es otra consecuencia de la pérdida del primer amor. Este espíritu se ha infiltrado en la iglesia de Cristo, y lo peor de todo, es que los hijos de Dios no están haciendo nada por salir de este estado; que en definitivas cuentas, no es más que un espíritu del diablo que se aprovecha de la falta de comunión con Dios en los creyentes.

En el caso, de los líderes, ministros y pastores, que tienen que estar lidiando con personas continuamente, el enemigo tiende a usar a aquellas que yo llamo "personas de alto mantenimiento" para desgastarlos hasta llevarlos a perder el primer amor. Éstas son personas que, en todo momento, están pidiendo que oren por ellas; son personas que siempre que tienen un problema, se están quejando y buscando ayuda, pero nunca están satisfechas. Como resultado,

> "Hay miles de creyentes alrededor del mundo que han disminuido, considerablemente, su comunión con Dios".

después de un tiempo, terminan yéndose de la iglesia, cosa que desanima mucho a los líderes, porque después de haberles dado tanto, no ven ningún fruto en ellas.

El desánimo es una de las causas más importantes de la pérdida del primer amor; razón por la cual, lo vamos a estudiar en el siguiente capítulo.

¿CÓMO VENCER EL DESÁNIMO?

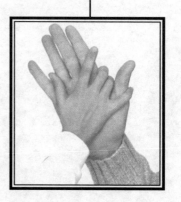

*"Pero se desanimó el pueblo
por el camino".*
Números 21.4

> El enemigo está atacando a la iglesia con un espíritu de desánimo en todo el mundo.

En algún momento de la vida, por una causa u otra, todos nos hemos desanimado. Pero hay que tener en cuenta que existe una diferencia muy grande entre la persona que logra superar el desánimo y la que permanece desanimada. Para entender esto mejor, veamos lo que es el desánimo.

¿QUÉ ES EL DESÁNIMO?

Es la palabra griega *"athumeo"*, que significa estar descorazonado, desanimado, carecer de valor, carecer de fuerzas para seguir adelante.

> *"⁴Después partieron del monte Hor, camino del Mar Rojo, para rodear la tierra de Edom. Pero se **desanimó** el pueblo por el camino". Números 21.4*

La Biblia amplificada dice:

> *"⁴Y partieron del Monte de Hor, camino del Mar Rojo, para ir alrededor de la tierra de Edom. Pero el pueblo se impacientó (deprimió y desanimó) a causa (de las pruebas) del camino". Números 21.4*

El enemigo está atacando a la iglesia con un espíritu de desánimo en todo el mundo; y si no tenemos precaución, caeremos en él también. La razón principal por la cual el enemigo trae desánimo a nuestras vidas, es enfriarnos espiritualmente, hacer que perdamos el primer amor, destruir el plan que Dios tiene en nuestras vidas y sacarnos de la iglesia.

Las actitudes de una persona desanimada son similares a las de Elías cuando, después de vencer a los profetas de Baal, huyó al desierto por temor a que Jezabel lo matara.

¿Cuáles son las actitudes de las personas que están desanimadas?

- **Aislamiento**

"Allí se metió en una cueva, donde pasó la noche. Llegó a él palabra de Jehová, el cual le dijo: —¿Qué haces aquí, Elías?" 1 Reyes 19.9

La persona desanimada se aísla, levanta paredes entre ella y los hermanos, y no sólo eso, sino que también, quiere llevar a otros a su cueva. Hay personas que están en la cueva de la depresión, de la soledad, de la miseria, del divorcio, pero no se conforman con estar ellas en esta situación, sino que quieren involucrar a más personas por medio de la queja continua.

- **Autocompasión**

"...y sólo yo he quedado, y me buscan para quitarme la vida".

Si una persona no tiene cuidado para tratar con el desánimo, después de verse encerrada en la cueva, empieza a sentir autocompasión.

Esta persona usará expresiones como éstas:

"Nadie me quiere", "no me toman en cuenta", "tuvieron una reunión y no me llamaron", "estuve enfermo y no me visitaron"; "pobre de mí, estoy sólo, nadie me apoya". Estas personas piensan que son las únicas que están haciendo las cosas bien y que los demás están equivocados.

- **Espíritu de crítica y murmuración contra Dios y las autoridades.**

> *"⁴Después partieron del monte Hor, camino del Mar Rojo, para rodear la tierra de Edom. Pero se desanimó el pueblo por el camino ⁵y comenzó a hablar contra Dios y contra Moisés: «¿Por qué nos hiciste subir de Egipto para que muramos en este desierto? Pues no hay pan ni agua, y estamos cansados de este pan tan liviano»".*
> *Números 21.4, 5*

Una persona desanimada es vulnerable a recibir el espíritu de murmuración y de queja contra Dios, contra los líderes, la iglesia y su trabajo; murmura de su familia, su casa y de todo en general. Si usted no detiene ese desánimo, por más que no quiera murmurar, terminará haciéndolo; ya sea contra Dios, contra sus líderes o cualquiera de los antes mencionados. El desánimo hace que las personas vean siempre algo negativo en lo que las rodea; es decir, siempre ven "un pelo en la sopa". Si usted continuamente murmura y se queja, está dando una señal de desánimo. ¡Luche contra él y no se deje robar el gozo y la fortaleza de Dios!

• **Frialdad espiritual o la pérdida del primer amor**

La meta principal del enemigo es enfriarlo espiritualmente. Él busca constantemente, la forma de desanimarlo; pues él quiere detener el llamado de Dios en su vida, quiere impedir que le sirva a Dios y destruir su vida espiritual.

¿Cuáles son los síntomas del enfriamiento espiritual en un creyente?

• Inclinación al pecado.
• Pérdida de la sensibilidad a la presencia de Dios.
• Pérdida de la sensibilidad a la necesidad de la gente.
• Pérdida de la sensibilidad a la oración y a la Palabra.

¿CUÁNDO LLEGA EL DESÁNIMO A NUESTRA VIDA?

1. Después de obtener una gran victoria.

Veamos el caso de Elías, que después de que Dios le había dado una gran victoria al ir al Monte Carmelo y vencer a los profetas de Baal, hacer descender lluvia y fuego del cielo, se desanimó. Cuando se obtienen grandes victorias, en situaciones en las que hemos luchado fuerte y por largo tiempo, ocurre algo en nuestras emociones que nos conduce a desanimarnos, y si no tenemos

> El Señor levanta a los caídos y sostiene a los agobiados.
>
> Salmo 145.14

cuidado y tratamos inmediatamente con esta condición, es muy peligroso, porque ésta nos conducirá a circunstancias aun peores y a un desánimo más profundo.

El desánimo y el desaliento siempre vendrán después de una gran victoria.

> Porque yo Jehová soy tu Dios, quien te sostiene de tu mano derecha, y te dice: No temas, yo te ayudo.
>
> Isaías 41.13

2. Comentarios negativos de la gente

> *"¿Por qué desanimáis a los hijos de Israel para que no pasen a la tierra que les ha dado Jehová?"* Números 32.7

Cuando escuchamos comentarios negativos, por medio de la crítica, el chisme de la gente, nos desanimamos. Hay personas que cuando ven a otra buscar de Dios, la paran, le quieren bajar la velocidad, le dicen que es mucho fanatismo, que es mucho servicio, tratan de detenerla para que no pase al otro lado del Jordán, que es donde están las bendiciones de Dios. Y como consecuencia, la llevan a perder el primer amor. No haga comentarios negativos acerca de su iglesia, trabajo o familia, eso no conduce a nada bueno.

3. No tienen vida devocional.

Es obvio que la persona que no tiene vida devocional tiende a desanimarse. ¿Cómo no se va a desanimar, si no ora?, no tiene la palabra de Dios en su corazón ni la vive, y tampoco se congrega frecuentemente. ¡Cómo no va a estar desanimado si no busca a Dios!

4. Mira las circunstancias negativas a su alrededor.

"¹Por tanto, nosotros también, teniendo en derredor nuestro tan grande nube de testigos, despojémonos de todo peso y del pecado que nos asedia, y corramos con paciencia la carrera que tenemos por delante, ²puestos los ojos en Jesús, el autor y consumador de la fe, el cual por el gozo puesto delante de él sufrió la cruz, menospreciando el oprobio, y se sentó a la diestra del trono de Dios". Hebreos 12.1, 2

La expresión "puestos los ojos" es la palabra griega "*apohorao*" que se divide en dos partes:

Apo: lejos de
Horao: ver

Apohorao: ver de lejos las cosas que me distraen de colocar la mirada en Jesús para cumplir mi llamado en la tierra. La idea de esta escritura es: alejar la mirada de las distracciones para contemplar a Jesús. Cuando fijamos nuestros ojos en aquellas circunstancias que no cambian como queremos, en el problema de salud, en el problema matrimonial, en el chisme de la gente, lo más seguro es que nos distraigamos de mirar a Jesús y de todo lo que Él tiene para nosotros.

El enemigo quiere distraernos con pensamientos negativos y con situaciones sin importancia para que perdamos la visión de lo que es realmente importante.

Por ejemplo, nadie se imagina el impacto que puede causar el mal testimonio de una persona a los ojos de un creyente que está sirviendo con todo su corazón y en "fuego para Dios". Esto le puede causar desánimo y que deje de servir al Señor. Piense por un momento, qué sentirá Dios cuando hay alguien que se deja usar como piedra de tropiezo para otros.

¿Cuál es la solución para no caer en desánimo?

- **Camine por fe y no por vista.**

> "⁷...(porque por fe andamos, no por vista)".
> 2 Corintios 5.7

- **No mire las cosas que se ven.**

> "¹⁶Por tanto, no desmayamos; antes, aunque este nuestro hombre exterior se va desgastando, el interior no obstante se renueva de día en día, ¹⁷pues esta leve tribulación momentánea produce en nosotros un cada vez más excelente y eterno peso de gloria; ¹⁸no mirando nosotros las cosas que se ven, sino las que no se ven, pues las cosas que se ven son temporales, pero las que no se ven son eternas".
> 2 Corintios 4.16-18

- **Ponga su mirada en el galardón.**

> "²⁶...teniendo por mayores riquezas el oprobio de Cristo que los tesoros de los egipcios, porque tenía puesta la mirada en la recompensa". Hebreos 11.26

La palabra **mirada** en el griego es "apoblipo", que significa mirar, observar intensamente un determinado objetivo.

Moisés puso su mirada en el galardón de ver al Mesías. Usted ponga su mirada en el galardón, en que Dios le dará la salvación de su familia, la salud de su cuerpo, la prosperidad económica, la unción, los cambios que está esperando en su vida. No se deje distraer por los comentarios negativos de la gente, ni por la crítica; siga adelante y conquiste.

¿Cuáles son las consecuencias del desánimo?

¡Huir!

Elías estaba huyendo de Jezabel. Escapar será la puerta que el enemigo nos presente para apartarnos de nuestro destino glorioso en Dios; por esto, vendrán pensamientos como dardos que nos impulsarán a huir. Por ejemplo: "deja lo que estás haciendo que aquí no te aprecian", "aquí no te valoran", "aquí no te dejan predicar y a otros sí le dan oportunidad", "a ti no te ordenaron como diácono, ministro o anciano y has estado trabajando duro". "No eres parte de esta visión", "tus talentos serán apreciados mejor en otro lugar", "aquí no hay amor". Si usted ya ha tenido estos pensamientos, quiere decir que el enemigo ha estado colocando huevos de áspid en su mente, y cuando menos se lo imagine, estará dejando de lado el plan de Dios o la razón por la cual Él lo llevó a ese lugar. Tiene que arrepentirse y pedir perdón a Dios y decirle: "Señor, yo he estado juzgando con estos pensamientos, perdóname por haberlo hecho. Restaura mi corazón y muéstrame la realidad de las cosas".

> "Ponga su mirada en el galardón".

¿Por qué los pastores y líderes se desaniman?

• **Conflictos con la gente**, especialmente con personas que son de "alto mantenimiento", que como expliqué anteriormente, son aquellas que demandan mucha atención y dan poco o nada de fruto.

> "Cada uno de nosotros toma la decisión ser valiente o de desanimarse".

• **Falta de compromiso y apoyo de la gente.**

• **Ataques personales.** Por ejemplo: críticas, chismes, entre otros.

¿CUÁL ES LA SOLUCIÓN DE DIOS PARA SALIR DEL DESÁNIMO?

"Esfuérzate y sé valiente".

Recuerde que desanimarse significa perder el valor.

> *"⁹Mira que te mando que te esfuerces y seas valiente; no temas ni desmayes, porque Jehová, tu Dios, estará contigo dondequiera que vayas". Josué 1.9*

La Biblia amplificada dice:

> *"⁹¿Acaso no te he ordenado? sed fuerte, vigoroso y muy valiente. No temas ni desmayes, porque el Señor tu Dios estará contigo dondequiera que vayas". Josué 1.9*

Cada uno de nosotros toma la decisión ser valiente o de desanimarse.

La palabra **valiente** es la palabra hebrea *"chazaq"*, que significa valeroso, firme, obstinado, fortificado, fortalecido; "yo te ordeno -dice Dios- que seas fuerte, valiente, que te vuelvas a animar, que te esfuerces, que seas obstinado".

¿Cómo podemos autoanimarnos?

- **Dando gloria a Dios.**

> *"⁶David se angustió mucho, porque el pueblo hablaba de apedrearlo, pues el alma de todo el pueblo estaba llena de amargura, cada uno por sus hijos y por sus hijas. Pero David halló fortaleza en Jehová, su Dios...".*
> *1 Samuel 30.6*

Se fortaleció en Dios y en el poder de su fuerza.

¿Cómo lo hizo? ...dando gloria a Dios.

> *"¹⁹Y su fe no se debilitó al considerar su cuerpo, que estaba ya como muerto (siendo de casi cien años), o la esterilidad de la matriz de Sara. ²⁰Tampoco dudó, por incredulidad, de la promesa de Dios, sino que se fortaleció por la fe, **dando gloria a Dios**...".*
> *Romanos 4.19, 20*

Sea valiente, tome coraje y persiga al enemigo que le robó su dinero, que le robó su salud, que le robó su bendición; anímese y sea valiente, salga de la cueva,

levante su cabeza en alto y
Dios le renovará la fuerza y
el gozo.

> El eterno Dios
> es tu refugio,
> y acá abajo los
> brazos eternos.
>
> Deuteronomio 33.27

• **Vuélvase a la oración**

> *"13¿Está alguno entre vosotros afligido? Haga oración.
> ¿Está alguno alegre? Cante
> alabanzas". Santiago 5.13*

Si está desanimado, ore; si está desalentado, ore; si
tiene problemas en su vida, ore; acérquese a Dios.

• **Restaure el gozo en su vida.**

> *"10Luego les dijo: «Id, comed alimentos grasos, bebed
> vino dulce y enviad porciones a los que no tienen
> nada preparado; porque éste es día consagrado a
> nuestro Señor. No os entristezcáis, porque el gozo de
> Jehová es vuestra fuerza»". Nehemías 8.10*

El enemigo siempre tratará de robarle el gozo, pero
usted ¡tome la decisión de no perderlo!

• **Convierta sus decepciones en crecimiento espiritual.**

Diga: "todo lo que me ha pasado es algo que Dios ha
usado para mi crecimiento espiritual. El enemigo lo
trajo para mal, pero Dios lo convirtió en bien. Esa
traición fue un escalón para mi madurez; esas ofensas
sólo han sido un escalón; esos rechazos de la gente
sólo han sido un escalón. El fracaso sólo ha sido un
escalón para llegar al otro nivel".

¿CÓMO PODEMOS VOLVER A SENTIR EL PRIMER AMOR?

"⁵Recuerda, por tanto, de dónde has caído, arrepiéntete y haz las primeras obras, pues si no te arrepientes, pronto vendré a ti y quitaré tu candelabro de su lugar".
Apocalipsis 2.5

¿Cuál es la solución?

"Recuerda, por tanto, de dónde has caído, arrepiéntete y haz las primeras obras".

Recuerde de dónde cayó - Qué fue lo que lo llevó a irse del primer amor; el dar demasiado en la obra de Dios sin recibir, los afanes de este siglo, demasiado trabajo, deportes, algún problema que se ha prolongado durante mucho tiempo, que lo ha desgastado; el cansancio espiritual y físico, o la desobediencia a Dios por la falta de comunión y oración con él.

> Acercaos a Dios, y Él se acercará a vosotros...
>
> Santiago 4.8

Arrepiéntase - Cambie de mente, de dirección y de acción. Reconozca que ha perdido el primer amor, que es un pecado contra Dios, que necesita arrepentirse e, inmediatamente, comenzar a hacer cambios radicales.

Haga las primeras obras - ¿Cuáles son estas primeras obras? Testifique de Jesús como lo hacía antes, busque del Señor con todo su corazón, asista a los servicios de la iglesia como antes, y así sucesivamente. Haga todos los cambios que sean necesarios para recuperar el primer amor. ¡Enamórese de Jesús otra vez!

¿Cuáles son las consecuencias si no se arrepiente?

Dios removerá, quitará el candelero de su lugar; es decir, quitará su presencia. El candelero es una tipología de su unción, de su presencia. Dios nos dice en este día: *"te arrepientes, o te quito mi presencia"*.

¿Qué haría usted sin la presencia de Dios?

Cuando Dios quiere disciplinarnos, lo único que tiene que hacer es apartar su presencia de nosotros. Hay creyentes, ministros e iglesias donde la presencia de Dios y su unción fue removida hace rato, pero ellos no se han dado cuenta. Lo único que queda es una obra de la carne, un vacío de la vida de Dios, un fuego extraño, contaminado. **¡Vuelva al primer amor! ¡Vuelva al primer amor!**

Veamos algunos principios importantes:

El primer amor es el momento en el cual nos enamoramos totalmente de Jesús.

La apatía espiritual, el desánimo, la falta de hambre y deseo de buscar a Dios. La insensibilidad al pecado, a la presencia de Dios, al dolor de la gente, son las señales en las cuales podemos ver que un creyente ha perdido su primer amor para con Dios.

Las causas más comunes por las cuales se pierde el primer amor son: servir continuamente sin sentarse a recibir, la desobediencia, la falta de comunión con Dios, la continua guerra espiritual, el cansancio físico y espiritual y las relaciones o amistades equivocadas.

Para volver al primer amor, tenemos que arrepentirnos, ya que perder el primer amor es pecado. Y luego, tenemos que volver a hacer las primeras obras.

Apreciado hermano, le invito a que repita la siguiente oración de arrepentimiento con el fin de volver a su primer amor con Dios.

"Padre Celestial, vengo ante ti, arrepentido, a pedirte perdón por todo este tiempo en que he estado alejado de ti. Te pido perdón por haber descuidado mi relación contigo, por poner en tu lugar a otras personas o situaciones y por haber tomado tu presencia livianamente. Yo, me arrepiento y apelo a tu misericordia para que me restaures espiritual y anímicamente. Propongo, en mi corazón, buscarte más; trabajar para que en nuestra relación, vuelva a aquel amor que sentía por ti cuando recién te conocí. Hago un compromiso contigo, de no volver atrás y de perseverar para alcanzar la madurez espiritual. Hago un compromiso de permanecer en una continua búsqueda de tu presencia. Gracias, Señor, porque tú eres un Dios de amor, de perdón y de segundas oportunidades. En el nombre de Jesús, ¡amén!"

PLAN DE SALVACIÓN

Amigo lector: Si usted desea recibir el regalo de la vida eterna, y ser parte del mover de Dios aquí en la tierra, pero no ha reconocido a Jesús como el hijo de Dios, quien murió y padeció por sus pecados en la cruz del Calvario, lo puede hacer ahora mismo. Por favor, acompáñeme en esta oración, y repita en voz alta.

Oración para recibir el regalo de la vida eterna

"Padre Celestial, yo reconozco que soy un pecador, y que mi pecado me separa de ti. Me arrepiento de todos mis pecados. Voluntariamente, confieso a Jesús como mi Señor y Salvador, y creo que Él murió por mis pecados. Yo creo, con todo mi corazón, que Dios el Padre lo resucitó de los muertos. Jesús, te pido que entres a mi corazón y cambies mi vida. Renuncio a todo pacto con el enemigo; si yo muero, al abrir mis ojos, sé que estaré en tus brazos. ¡Amén!"

Si esta oración expresa el deseo sincero de su corazón, observe lo que Jesús dice acerca de la decisión que acaba de tomar:

> *"[9]...que si confesares con tu boca que Jesús es el Señor, y creyeres en tu corazón que Dios le levantó de los muertos, serás salvo. [10]Porque con el corazón se cree para justicia, pero con la boca se confiesa para salvación".*
> *Romanos 10.9, 10*

> *"[47]De cierto, de cierto os digo: El que cree en mí, tiene vida eterna". Juan 6.47*

BIBLIOGRAFÍA

Biblia Plenitud. 1960 Reina-Valera Revisión, ISBN: 089922279X, Editorial Caribe, Miami, Florida.

Diccionario Español a Inglés, Inglés a Español. Editorial Larousse S.A., impreso en Dinamarca, Núm. 81, México, ISBN: 2034202007, ISBN: 70607371X, 1993.

El Pequeño Larousse Ilustrado. 2002 Spes Editorial, S.L. Barcelona; Ediciones Larousse, S.A. de C.V. México, D.F., ISBN: 970-22-0020-2.

Expanded Edition the Amplified Bible. Zondervan Bible Publishers. ISBN: 0310951682, 1987 lockman foundation USA.

Reina-Valera 1995 - Edición de Estudio, (Estados Unidos de América: Sociedades Bíblicas Unidas) 1998.

Strong James, LL.D, S.T.D., *Concordancia Strong Exhaustiva de la Biblia*, Editorial Caribe, Inc., Thomas Nelson, Inc., Publishers, Nashville, TN - Miami, FL, EE.UU., 2002. ISBN: 0-89922-382-6.

The New American Standard Version. Zordervan Publishing Company, ISBN: 0310903335, pages 255-266.

The Tormont Webster's Illustrated Encyclopedic Dictionary. ©1990 Tormont Publications. Pages 255-266.

Vine, W.E. *Diccionario Expositivo de las Palabras del Antiguo Testamento y Nuevo Testamento.* Editorial Caribe, Inc./División Thomas Nelson, Inc., Nashville, TN, ISBN: 0899224954, 1999.

Ward, Lock A. *Nuevo Diccionario de la Biblia.* Editorial Unilit: Miami, Florida, ISBN: 07899-0217-6, 1999.

NUESTRA VISIÓN

...expandiendo la palabra de Dios a todos los confines de la tierra.

LÍDERES QUE CONQUISTAN

Guillermo Maldonado
ISBN: 1-59272-022-6

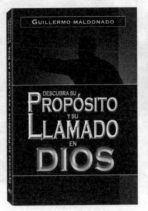

DESCUBRA SU PROPÓSITO Y SU LLAMADO EN DIOS

Guillermo Maldonado
ISBN: 1-59272-037-4

EL PERDÓN

Guillermo Maldonado
ISBN: 1-59272-033-1

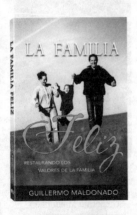

LA FAMILIA FELIZ

Guillermo Maldonado
ISBN: 1-59272-024-2

EVANGELISMO SOBRENATURAL

Guillermo Maldonado
ISBN: 1-59272-013-7

FUNDAMENTOS BÍBLICOS PARA EL NUEVO CREYENTE

Guillermo Maldonado
ISBN: 1-59272-005-6

ERJ Publicaciones

LA ORACIÓN

Guillermo Maldonado
ISBN: 1-59272-011-0

LA DEPRESIÓN

Guillermo Maldonado
ISBN: 1-59272-018-8

LA MADUREZ ESPIRITUAL

Guillermo Maldonado
ISBN: 1-59272-012-9

**LA GENERACIÓN
DEL VINO NUEVO**

Guillermo Maldonado
ISBN: 1-59272-016-1

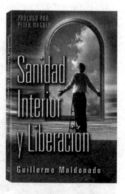

**SANIDAD INTERIOR Y
LIBERACIÓN**

Guillermo Maldonado
ISBN: 1-59272-002-1

LA UNCIÓN SANTA

Guillermo Maldonado
ISBN: 1-59272-003-X

CÓMO OÍR LA VOZ DE DIOS

Guillermo Maldonado
ISBN: 1-59272-015-3

LA DOCTRINA DE CRISTO

Guillermo Maldonado
ISBN: 1-59272-019-6

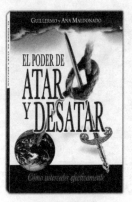

**EL PODER DE
ATAR Y DESATAR**

Guillermo y Ana Maldonado
ISBN: 1-59272-074-9

**LA TOALLA
DEL SERVICIO**

Guillermo Maldonado
ISBN: 1-59272-100-1

**CÓMO VOLVER
AL PRIMER AMOR**

Guillermo Maldonado
ISBN: 1-59272-121-4

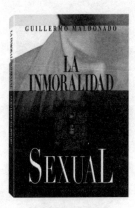

**LA INMORALIDAD
SEXUAL**

Guillermo Maldonado
ISBN: 1-59272-145-1

**EL CARÁCTER
DE UN LÍDER**

Guillermo Maldonado
ISBN: 1-59272-120-6

**LA LIBERACIÓN
EL PAN DE LOS HIJOS**

Guillermo Maldonado
ISBN: 1-59272-086-2

**MANUAL DE ESTUDIO
PARA GRUPOS FAMILIARES**

Guillermo Maldonado
ISBN: 1-59272-148-6

**MANUAL
DE VIDA**

Ana Maldonado
ISBN: 1-59272-226-1

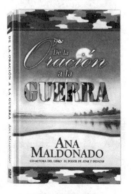

**DE LA ORACIÓN
A LA GUERRA**

Ana Maldonado
ISBN: 1-59272-137-0

**DÉBORAS AL FRENTE DE
LA BATALLA**

Ana Maldonado
ISBN: 1-59272-248-2

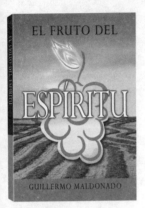

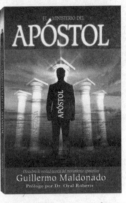